This book
belongs to:

MERRY CHRISTMAS

MAZE

MAZE

MAZE

MAZE

WHAT IS IT CALLED?

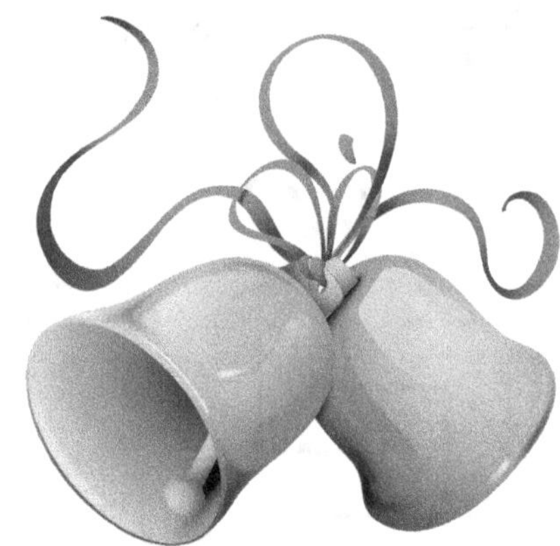

B _ L _ _

S N _ W _ _ _

G _ _ T

WHAT IS IT CALLED?

WHAT'S MISSING?

1 2 ◯ 4

◯ 6 ◯ 8

◯ 10

WHAT'S MISSING?

WHAT'S MISSING?

WHAT'S MISSING?

S

T

P

U

O

A

R

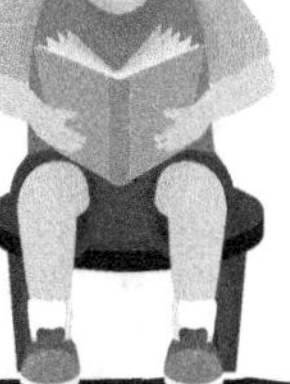

WHAT THE WITCH CHOOSES?

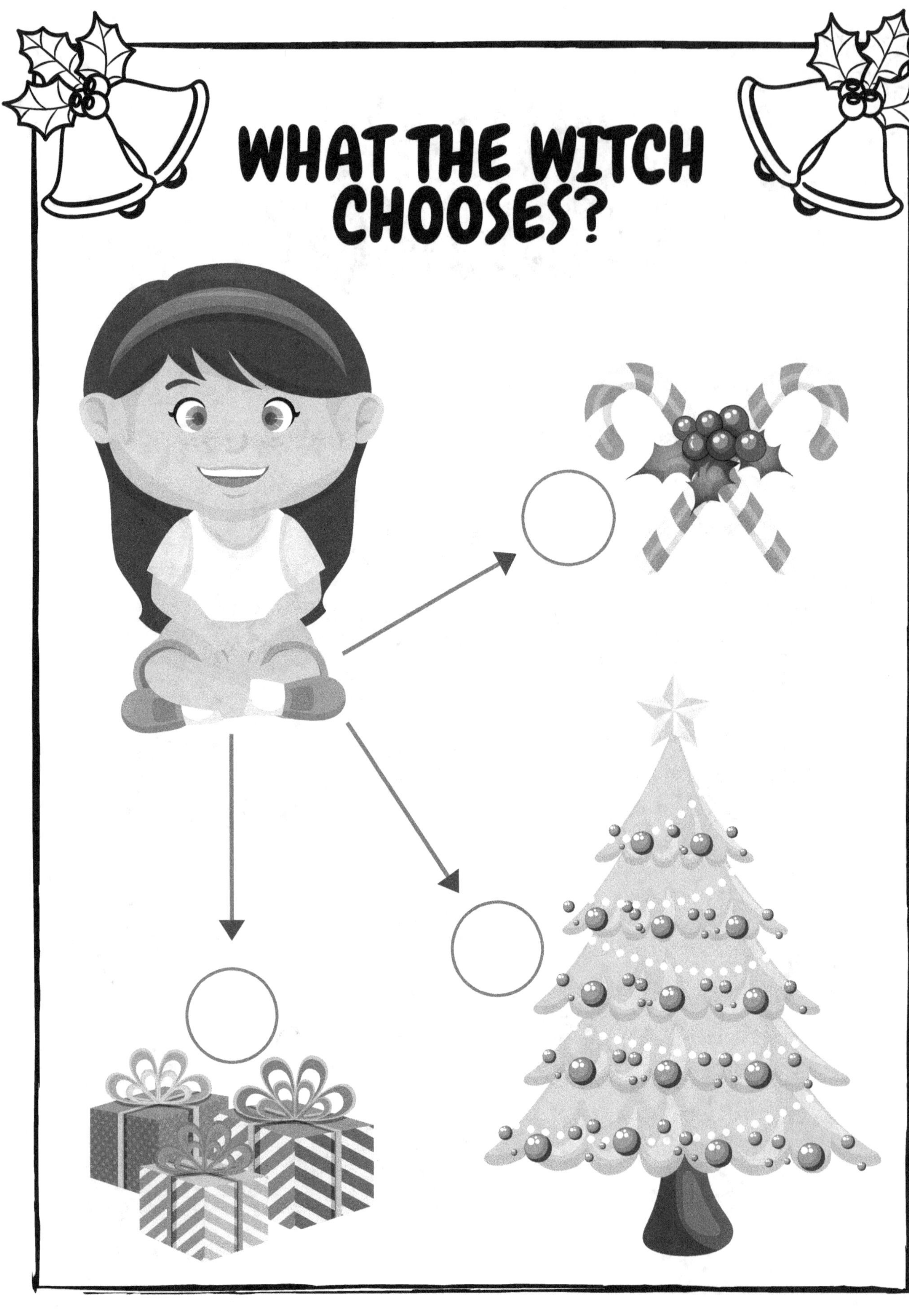

HOW MANY GIFT BOXES ARE THERE?

4

7

6

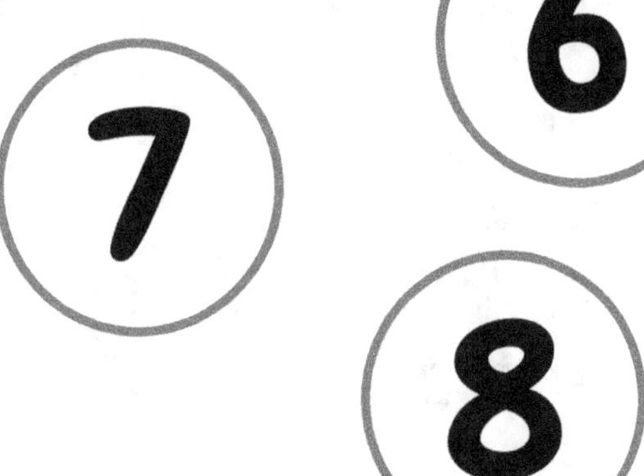

8

5

HOW MANY SANTA CLAUSES HAVE A GIFT?

4   6   2   1

FIND THE DIFFERENCES

WHICH IS
THE RIGHT
WAY?

Christmas Activities!

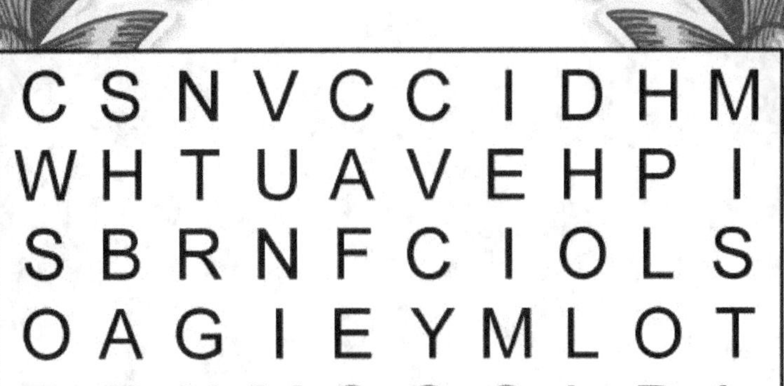

```
C S N V C C I D H M
W H T U A V E H P I
S B R N F C I O L S
O A G I E Y M L O T
B E N M S S C L D L
L F B T H T E Y U E
A E G Z A Q M R R T
R L D M B O Q A P O
R E E D N I E R S E
N M W G W R E A T H
```

Angel	December	Mistletoe	Reindeer	Santa
Christmas	Holly	Presents	Rudolph	Wreath

we
wish
you a
merry
christmas
and a happy
new
year